DIE REIHE
Archivbilder

MÖNCHGUT
UND GRANITZ

Mönchguter Fischerfrauen,
Insel Rügen.

Dieser Holzstich um 1880 zeigt Mönchguterinnen in Haus- und Ausgehtracht. Charakteristisch waren die weit ausgeschnittenen Mieder, zu denen eine langärmlige Bluse getragen wurde. Den Ausschnitt zierte eine mehrfarbiges Brusttuch.

2

DIE REIHE
Archivbilder

MÖNCHGUT UND GRANITZ

Andre Kobsch und Gerhard Parchow

SUTTON
VERLAG

Sutton Verlag GmbH
Hochheimer Straße 59
99094 Erfurt
www.suttonverlag.de

ISBN 978-3-89702-253-9

Druck: Books on Demand GmbH, Norderstedt, Deutschland

Inhaltsverzeichnis

Danksagung

An dieser Stelle möchten wir allen großzügigen Leihgebern, die uns freundlicherweise mit ihrem Bildmaterial unterstützten, herzlich danken. Ohne sie wäre dieser Bildband nicht zustande gekommen. Unsere philokartistischen Sammlerfreunde Günter Behm (†), Jörg Gorzelski, Martin Pessier und Gerd und Marlis Raulff überließen uns ihre kostbaren Ansichts- und Fotokarten.

Erstmals konnte Archivmaterial folgender Einrichtungen und Institutionen, bezogen auf das Amt Mönchgut-Granitz, in die textliche Bearbeitung mit einbezogen werden: Gemeindearchiv Baabe, Gemeindearchiv Sellin, Kreisarchiv Bergen, Mönchguter Heimatmuseum, Pfarrarchiv Lancken-Granitz und Stadtarchiv Stralsund. Wir fühlen uns darüber hinaus zu besonderem Dank verpflichtet: Familie Besch (Thiessow), dem Fotohaus Knospe (Sellin), Frau Fürstenberg (Altensien), Herrn Klaus Gabowski (Altensien), Familie Glawe (Neuensien), Familie Kankel (Seedorf), Frau Thekla Kliesow (Lobbe), Familie Ulrich Kliesow (Alt-Reddevitz), Herrn Hans-Joachim Kreß (Sellin), Frau Kaethe Luppa (Sellin), Frau Helda Mann (Göhren), Herrn Günther Popp (Bremen) und Familie Selinger (Sellin).

Andrea und Christoph Lander, Astrid Kobsch und Dr. Birgit Tarnow leisteten technische Hilfe bzw. redigierten die Texte. Der freundlichen Lektorin Kerstin Kaiser danken wir für die kompetente Beratung.

Einleitung

Der Südosten Rügens verfügt über die wohl reizvollsten und ausgeprägtesten Landschaftsformen der Insel. Von den Höhen der Granitzwaldung mit dem Jagdschloß, über die bekannten Ostseebäder Sellin, Baabe, Göhren und Thiessow bis zu den noch heute idyllisch wirkenden Stranddörfern auf der Halbinsel Mönchgut und am Rügenschen Bodden spannt sich der Bogen dieser historischen Betrachtung anhand zum Teil einmaliger Bilddokumente.

Ein besonderes Anliegen dieses Bild-Text-Bandes besteht darin, die hier lebende Bevölkerung als Einheit von Mensch und Natur zu begreifen und eine über Jahrhunderte gewachsene Kulturlandschaft historisch verständlich zu machen. So wundert es nicht, daß viele der Abbildungen, die in dieses Buch eingeflossen sind, aus privatem Besitz stammen. Besonders bei der Darstellung der Halbinsel Mönchgut war es uns wichtig, neben der Arbeitswelt der Fischer und Bauern den tiefgreifenden Wandel aufzuzeigen, der sich seit über 100 Jahren dort vollzog und der letztendlich zum Massentourismus mit all seinen positiven und negativen Erscheinungsformen geführt hat. Genau vor diesem Problem stehen wir heute wieder, und immer mehr Menschen lernen es zu begreifen, daß die Natur mit ihrer einzigartigen Vielfalt zwar belastbar, aber auch sehr verwundbar ist.

Ausgangspunkt für unsere Betrachtung waren die Aufzeichnungen der Heimatforscher Prof. Alfred Haas und Fritz Worm, die Anfang des 20. Jahrhunderts die Sitten und Bräuche der Mönchguter aufzeichneten und diese mittels ihrer Büchern einem breiten Publikum zugänglich machten. Zum Charakter und zur Lebensweise der Fischerbauern heißt es dort: „Die Mönchguter sind ein schöner kräftiger Menschenschlag: Sie sind groß gewachsen, breitschultrig, von scharf ausgeprägten Gesichtszügen und blühender Gesundheit. Unter den Männern finden sich Gestalten, den man es auf den ersten Blick ansieht, daß sie trotz ihrer phlegmatischen Haltung von urwüchsiger Kraft und von unermüdlicher Ausdauer in der Arbeit sind. […] Auch die Frauen sind meist von kräftiger Statur und von gesundem, frischem Aussehen. Unter den Unverheirateten erblickt man nicht selten Mädchen mit schönen, regelmäßigen Gesichtszügen. […] Sie (die Mönchguter – d.A.) pflegen in ihrer Jugend als Seeleute in der Welt weit herumzukommen und kehren, wenn sie zum Mann herangereift sind, zur heimatlichen Scholle zurück, um hier, in engen Verhältnissen lebend, Fischerei und Landwirtschaft zu betreiben. Im übrigen aber zeigen sich die Mönchguter als gottesfürchtig, treuherzig, bieder und ehrlich, als arbeitsam und genügsam, als hülfsbereit und gastfreundlich."

An die Halbinsel Mönchgut schließt sich im Norden die Granitz an. Dieser bewaldete Landstrich weist seit Jahrhunderten große Vorkommen an Eichen und Buchen auf. Über sogenannte Woldgräfen erfolgte der Holzhandel von der betreffenden Grundherrschaft an die Konsumenten. Darüber hinaus war die Granitz vor allem wegen der reichen Hirschbestände als attraktives Jagdgebiet bekannt. Daran erinnert heute unter anderem das Jagdschloß, das Fürst Malte zu Putbus errichten ließ.

Vor mehr als 100 Jahren begannen vermögende Großstädter, die Südostküste Rügens als Urlaubsziel zu entdecken. Die sandigen Strände und die reizvolle Landschaft, die sich zu ausgedehnten Wanderungen eignete, trugen dazu bei, daß sich die kleinen Fischer- und Bauerndörfer touristisch entwickeln konnten. Erste Hotels und Pensionen entstanden, verdrängten die schlichten Bauernhäuser und prägten zunehmend das Straßenbild. Auch die Bevölkerung stellte sich auf den zunehmenden Reiseverkehr ein und bot den Gästen die unterschiedlichsten Dienstleistungen an. Der Tourismus wurde zum Wirtschaftsfaktor und machte aus einigen Gemeinden stattliche Kurorte.

Das heutige Amt Mönchgut-Granitz zählt vor allem wegen seiner Naturbelassenheit und Naturschönheiten zu den schönsten Gebieten Rügens. Sitten und Bräuche werden gepflegt und in den liebevoll hergerichteten Heimatmuseen dargestellt. Der vorliegende Bildband soll die Entwicklung dieser Dörfer im Südosten Rügens zwischen 1887 und 1950 aufzeigen und gleichzeitig den Rüganern und den Gästen der Insel einen Eindruck vom damaligen Alltag der Bevölkerung vermitteln.

1

Lancken-Granitz und
das Jagdschloß

Das Kirchdorf Lancken war bis zur Entstehung der Badeorte der dörfliche Mittelpunkt im Kirchspiel. „Wilde's Gasthaus" ist einer jener alten Rügenschen Gasthöfe, von denen Thomas Kantzow in seiner „Chronik von Pommern" aus dem 16. Jahrhundert zu berichten weiß: „In den Krügen gibt es soviel Schlägerei, Mord und Kränkungen, daß ein Edelmann aus den Bußen und Strafgeldern mehr Ertrag hat als aus einem halben Dorf."

Die Lanckener Kirche ist ein Backsteinbau und datiert in das 15. Jahrhundert. Im Innern ist das älteste auf Rügen erhaltene Chorgestühl – es wurde 1522 gefertigt – zu besichtigen.

So trist wie auf dieser Ansichtskarte, geschrieben 1918, ist Lancken beileibe nicht. Besonders in den letzten Jahren gab es eifrige Bemühungen, das ländliche Gepräge des Dorfes zu erhalten und zu verschönern.

Auf dem Tempelberg in der Granitz ließ der Putbusser Fürst Wilhelm Malte I. ab 1836 nach Entwürfen, an denen auch Schinkel beteiligt war, ein Jagdschloß errichten.

Das alte Jagdhaus diente seit 1846 als Försterwohnung und mußte nach sechs Jahren einem Gasthof, dem späteren Hotel „Granitz", weichen.

Insel Rügen. Ausblick vom Turm des Jagdschlosses Granitz.

Bei einem Blick von dem 38 m hohen Turm des Schlosses erschließt sich dem Betrachter die ganze Schönheit und die landschaftliche Vielfalt von großen Teilen der Insel Rügen.

Als Försterei Granitz wird dieses Gebäude auf einer Ansichtskarte von 1912 bezeichnet. Erbaut worden ist es in den Jahren 1852/53 als Torhaus zum Jagdschloß am südlichen Granitzrand.

Bis zur Plünderung nach 1945 bot das Portal im Eingangsbereich diesen pompösen Anblick. Seiner Wirkung konnte sich gewiß niemand entziehen, obwohl die Darstellung und Anhäufung der Trophäen aus heutiger Sicht kaum für das edle Weidwerk werben würde.

Der Marmorsaal war der am kostbarsten ausgestattete Raum des Schlosses. Seinen Namen verdankt er dem bis unter die Decke reichenden Kamin mit einem Relief aus Carrara-Marmor.

Nicht nur im September 1927, wie auf diesem Foto, weilte der Reichspräsident Hindenburg als hoher Gast zu einem Besuch auf dem Schloß. 1944 fand hier wenige Tage vor dem Attentat auf Hitler ein Treffen von General Beck mit dem Putbusser Fürsten statt.

2

Sellin

Ostseebad Sellin auf Insel Rügen

Sellin wurde im Jahre 1295 erstmals als „Zelinesche beke" urkundlich erwähnt. Seit alters her gehörten die Selliner Bauern zur Herrschaft Putbus. 1782 wurde das Dorf gelegt und in ein Ackerwerk sowie Kossatenstellen umgewandelt. Ab 1887 entwickelte sich Sellin zum Badeort. Die sorgfältig restaurierte Bäderarchitektur mit der historischen Seebrücke, eine intakte Natur und der familiäre Umgang sind die Merkmale des aufstrebenden Seebades.

Die obere Fotografie aus dem Jahre 1887 zeigt die Krämerei und Gastwirtschaft von Carl Ehlert, deren Geschichte sich bis in das Jahr 1765 als Büdnerei zurückverfolgen läßt. 1894 wurde das Anwesen durch den Anbau eines Logierhauses bedeutend erweitert. Bei der unteren Ansicht handelt es sich um eine typische Werbekarte jener Jahre, auf der sich der damalige Hausherr Ziggenhagen nebst Familie und Bediensteten vorteilhaft in Pose setzte.

Bei diesem Bauernhof handelt es sich um die bereits 1514 erwähnte Hofstelle des Hans Bishop. Zwischen 1831 und 1898 sind als Eigentümer die Dorfschulzen Dettmann, J. Kleese und F. Koos bekannt.

Über den Selliner Gutshof wurde erstmals 1785 berichtet, als der Pächter Bünsow für zwei gelegte Bauernwesen und ein Kossatenwesen die Abgaben leistete. Der letzte Besitzer, Walter Lorenz, bewirtschaftete das Gut bis zur dessen Auflösung im Jahre 1947.

„Um die Bevölkerung an das Land zu binden …", wie es in einem Schriftsatz der Putbusser Grundherrschaft heißt, siedelten sich nach der Aufhebung der Leibeigenschaft ehemalige Untertanen „zum Zwecke der Fischerei" als sogenannte Häusler an. Diese Fischerhütte erbaute Heinrich Subklev im Jahre 1817.

Seit den dreißiger Jahren des 19. Jahrhunderts wurde in Sellin mit Großreusen gefischt. Dazu schlossen sich die zur Fischerei Berechtigten in sogenannten Kommunen zusammen. Die Foto-karte aus den 1920er Jahren zeigt die Selliner Reusenkompanie mit dem stolzen Namen „de Husbesitzer" am Fischerstrand.

Die Häuslerin Emilie Klitz, 1854 in Pantow geboren, verdingte sich schon in jungen Jahren als Wäscherin in Binz. Die Fleischreste, die sie ab und an aus den Hotelküchen mitnehmen durfte, halfen, den Lebensunterhalt der Familie zu sichern. Das Foto zeigt sie nach einem arbeitreichen Leben im Alter von 80 Jahren vor ihrem Heim in Sellin.

In der Küstenfischerei war es üblich, daß auch die Frauen bei der Arbeit am Strand mithelfen mußten. Sie brachten ihren Männern nicht nur das Frühstück, sondern bargen auch den Fang aus den Netzen und hängten diese zum Trocknen auf. Die Hoffnung auf den großen Fang war zumeist vergeblich, und so wundert es nicht, wenn ein früher viel gesungenes Lied mit folgendem Text beginnt: „Ein armer Fischer bin ich zwar, verbring' mein Leben in Gefahr ..."

Mit dem Bau von „Fritz Lübky's Hotel" im Jahre 1887 begann die Entwicklung Sellins zum Ostseebad. In den folgenden Jahren löste die Hoffnung auf den schnellen Gewinn einen regelrechten
Bauboom aus. Diese Zeit war aber auch von Bodenspekulationen und Notverkäufen geprägt. 1894
wurde das Hotel mit allem Inventar für 68.000 Mark an den Rentier Heinrich Bunterbart aus
Vilmnitz verkauft.

Diese Totalansicht von Sellin ist kurz vor dem Brand des rohrgedeckten Wohnhauses der Witwe
Radvan am 12. Juli 1897 entstanden. Die im Vordergrund sichtbaren anderthalbgeschossigen
Pensionen sind typische Beispiele der frühen Bäderarchitektur.

Im Januar 1899 wurde Hermann Holtz, der Wunschkandidat des Fürsten, durch den Landrat als Gemeindevorsteher bestätigt. Schon ein Jahr später setzte er einen Bebauungsplan durch, der die Grundlage für die Entwicklung Sellins zu einem der führenden Ostseebäder war. Mit dem Foto der Familie des Amtsvorstehers Holtz wurde in den frühen Badeprospekten bewußt um ein gutsituiertes bürgerliches Publikum geworben.

„Die Villa Quisisana bietet ihren Gästen freundliche Fremdenzimmer, mit und ohne Pension, Touristenlogis und eine ruhige Lage direkt am Birkenwald." Dies teilte die Besitzerin Frau Kluschke einem Leipziger Interessenten 1927 auf Anfrage mit. Das Haus entstand 1896 im neugotischen Stil und diente bis 1900 auch als Post.

Der Schriftsteller Wilhelm Bölsche wohnte im Sommer 1893 in der Pension „Hartmannsruh".
Er schrieb über seine Eindrücke: „Die Villa ist köstlich und relativ billig. Die ersten Gäste und
unmittelbaren Nachbarn, die wir hier im einsamen Buchen- und Kornwald antrafen, waren
Strindberg und Paul, die uns jubelnd in die Arme schlossen und zum schwedischen Punsch
schleppten. Beide leben kreuzfidel in Sellin."

Der schwedische Dramatiker und Schriftsteller August Strindberg, der in der Villa „Heimkehr"
logierte, sah seine Situation völlig anders: „Hier ist ein verdammter Badeort, schlecht und teuer
[…], das Leben furchtbar monoton, keine Trinkereien, nur wäßriges Bier […]"

Am 20. März 1896 konnte die Kleinbahnstrecke Binz – Sellin(West) ihrer Bestimmung überschegeben werden. Der Beschluß, den Selliner Bahnhof dort zu errichten, fiel bereits ein Jahr zuvor. Die Restauration am Bahnhof entwickelte sich schnell zum Treffpunkt für das Badepublikum.

Das Foto aus den zwanziger Jahren zeigt die Hausdiener der großen Hotels und Pensionen, die das Gepäck der anreisenden Gäste besorgten und für ihre Häuser warben. Die freundschaftliche Stimmung, die das Bild vermittelt, war aber spätestens dann vorbei, wenn es darum ging, sich gegenseitig die Kundschaft abzujagen.

Wilhelm Wegener erbaute im Jahre 1906 ein Fährrestaurant mit Bootsanleger. Drei Jahre später entstand dazu auch ein Logierhaus. Unter dem späteren Besitzer, genannt Vadder Hansen, wurde die Gaststätte in den zwanziger und dreißiger Jahren durch die dort veranstalteten „Italienischen Nächte" weithin bekannt.

To Water   Vadder Hansen   Küstenfischerie

Vadder Hansen siene Fischerstuw. Ostseebad Sellin a/Rügen

Von 1926 bis Ende der 1930er Jahre hatte Sellin am Selliner See den einzigen Wasserflughafen auf der Insel. Die Deutsche Lufthansa unterhielt in jenen Jahren zuerst eine Bäderfluglinie von Stettin über Swinemünde nach Sellin und Stralsund, die sie später nach Hiddensee und Berlin ausdehnte.

Doppeldecker vom Typ „V 13 Strela", bei der Luftfahrtgesellschaft Stralsund gebaut und ab 1925 für den Luftverkehr Pommern im Einsatz, landeten an der Seebrücke. Ein Jahr später übernahm die neu gegründete Lufthansa die Fluglinie und setzte die modernen Ganzmetalltiefdecker „F 13" – hier im Bild – und später „W 34" der Firma Junkers ein.

Das noch heute bestehende Bollwerk errichtete die Saßnitzer Dampfschiffgesellschaft zur Saison 1921. Sie baggerte auch eine Fahrrinne durch den Selliner See und betrieb eine Schifffahrtslinie nach Greifswald und für den Ausflugsverkehr. Auch die in Sellin beheimatete Mönchgutlinie der Gebrüder Wittmiß legte hier an.

Die Belieferung des Kohlenhändlers Friedrich Zobel erfolgte wegen der günstigen Frachttarife auf dem Wasserweg. Gerade in der Zeit der Weltwirtschaftskrise war er in Sellin ein wichtiger Arbeitgeber. Über einen primitiven Hebebaum mußte die Kohle mühselig mit Körben entladen und durch Pferdefuhrwerke weiter transportiert werden.

Das Badeleben war um 1900 streng reglementiert. Außerhalb der Badeanstalten wurde das Betreten des Strandes nur in voller Bekleidung gestattet. Sellin verfügte über getrennte Badeanstalten für Damen und Herren, die wenig Komfort boten und zu jeder Saison neu aufgebaut werden mußten.

1895 erbaute der Hotelbesitzer Heinrich Bunterbart am Strand ein Warmbad mit Restauration. Der Badegenuß hatte allerdings den stolzen Preis von 1 Mark. Das war der halbe Tagesverdienst eines Arbeiters bei der Kleinbahn, die zu der Zeit gebaut wurde.

Die obere Abbildung zeigt einen von den Fischern errichteten, primitiven Landungssteg, der bis 1899 zum An- und Ausbooten genutzt wurde. Auch der Bau einer 60 m langen, stabilen Brücke, wie sie auf der unteren Abbildung zu sehen ist, löste nicht das Problem, die Schiffspassagiere sicher anzulanden. 1900 kam es beim Anbooten an dem nach Stettin abgehenden Dampfer „Freia" zu einem folgenschweren Unfall. Ein überladenes Fischerboot segelte um, und sieben Passagiere ertranken.

29

Mehrere Jahre brauchten die Gemeindevertreter, um einen Beschluß zum Bau einer Seebrücke zu fassen. Die Arbeiten führte die Greifswalder Firma Spruth aus. Mit einem Wohltätigkeitskonzert zu Gunsten der Selliner Feuerwehr wurde die Brücke am 2. August des Jahres 1906 feierlich eingeweiht.

Nachdem Eisgang die Seebrücke im Jahre 1924 völlig zerstört hatte, erfolgte ihr Neuaufbau zur Saison 1925. In den beiden darauffolgenden Jahren wurde das Brückenhaus mit Anbauten und einer Plattform zum Promenieren versehen.

Die Brücke wurde überwiegend von den Dampfern der Stettiner Reederei Braeunlich auf ihrer Seebäderlinie nach Saßnitz angelaufen. Die „Weißen Schwäne der Ostsee", wie der Volksmund die Schiffe nannte, gehörten zum Alltagsbild in den Ostseebädern auf Usedom und Rügen.

Der Brückenkopf mit Restauration entstand nach präzisen Vorgaben der Reederei, um das sichere Anlegen der Dampfer zu gewährleisten. Zur Überwachung der Bauarbeiten wurde der erfahrene Kapitän Krull nach Sellin geschickt.

Bei Ausbesserungsarbeiten im Jahre 1920 kam es durch Funkenflug beim Betrieb einer Dampf-
ramme zu einem Brand, der das Brückenrestaurant völlig zerstörte und große Schäden an den
Pfählen und tragenden Teilen des Anlegers verursachte.

Das Bild zeigt die Beschädigungen, die das Packeis im Eiswinter 1929 anrichtete. Erstmals wurde
das Sprengkommando einer Pioniereinheit aus Stettin angefordert, dem es unter schwierigsten
Bedingungen gelang, die aufgetürmten Eisschollen zu beseitigen.

Eine Gruppe von Dienstmädchen mit ihren kleinen Schützlingen auf einer Aufnahme aus dem Jahre 1913. Als noch ganze Wohnungen an die Herrschaften vermietet wurden, war es üblich, sich mit eigenem Personal zu umgeben.

Sensation im Familienbad! 1911 machte ein Strandfotograf diese Gruppenaufnahme in den Bademoden jener Zeit. Eine Konzession zum Fotografieren innerhalb der Bäder erteilte die Kurdirektion nur an Personen, die „Sitte und Anstand" wahrten.

Selbin
1914

Dieses Stimmungsbild vom Ostseestrand, entstanden kurz vor dem Ersten Weltkrieg, verdeutlicht eindrucksvoll den allgemeinen Ruf zu den Waffen. Für viele Hotels und Pensionen begann mit dem Ausbruch des Krieges auch der Kampf ums Überleben.

Nach dem Krieg waren umgerüstete Militärflugzeuge häufig in den Badeorten zu sehen. Demobilisierte Flieger machten aus der Not eine Tugend und veranstalteten kurze Rundflüge für jedermann.

Mit dem Aufkommen der Sportboote um 1900 begannen Freizeitkapitäne, den Strand zu erobern. Für die Fischer, die diese Boote anfertigen ließen und an die Gäste verliehen, bedeuteten diese Einnahmen in der fangarmen Jahreszeit einen zusätzlichen Verdienst.

Überaus beliebt bei alt und jung war die Veranstaltung von Kinderfesten. In Sellin gehörten diese traditionell zum Angebot der Hotels und des örtlichen Badekomitees. Ob Junge oder Mädchen, alle träumten davon, einmal Badeprinz oder -prinzessin zu sein.

Ende der 1920er Jahre eröffnete der Hotelier Möller im Ort ein Busunternehmen, das Ausflüge zur Stubbenkammer, nach Arkona, dem Rugard und weiteren bekannten Rügener Sehenswürdigkeiten anbot. Auch die Post und Reiseveranstalter aus den großen deutschen Städten führten bald derartige Sonderfahrten durch.

Im Jahre 1896 erbaute der ehemalige Postagent Russow aus Lancken an der neu angelegten Straße zum Strand dieses Hotel. Das Haus wurde zu Ehren Seiner Durchlaucht des Herrn und Fürsten zu Putbus auf den Namen „Fürst Wilhelm" getauft. 1908 erwarb Johannes Möller die Immobilie und erweiterte das in „Kurhaus" umbenannte Hotel um eine Glasveranda und die Strandhalle, wie auf der unteren Abbildung zu sehen ist.

Die Villa „Erika", entstanden 1906, hat eine „bewegte" Geschichte hinter sich. Zeitweise wurde unter dem obskuren Namen „Hotel D-Zug" um Gäste geworben. Später war die Villa ein Erholungsheim des Kommunalen Beamtenbundes Preußens.

Die Firma des Bauunternehmers Krug, die damals für ihren Einfallsreichtum bei der Fassadengestaltung und für solide Arbeit bekannt war und bei den Bauherren einen guten Ruf genoß, beim Bau der Villa „Erika". 1909 baute sich Krug in der Wilhelmstraße die Villa „Svanhild".

Die Villa „Granitz" ist mit dem Baujahr 1897 eines der ältesten Gebäude in der Wilhelmstraße. Der Bauunternehmer Metzling griff der bei ihrer Gestaltung auf Elemente des Klassizismus und des Jugendstils zurück.

Der Kapitän Wilhelm Raßmus kaufte 1897 ein ebenfalls in der Wilhelmstraße gelegenes Baugrundstück für 7 Mark pro Quadratmeter. Das „Rügensche Kreis- und Anzeigenblatt" berichtete am 13. Mai 1898 von der Fertigstellung der Raßmusschen Villa, die den Namen „Rugia" erhielt.

Der Tischlermeister Wilhelm Hinz erbaute 1908 ein Logierhaus mit 16 Zimmern. Die im Hinterhaus ebenfalls neu errichtete Werkstatt für seine Bau- und Möbeltischlerei ist auf der unteren Abbildung zu sehen. Dort entstanden vor allem Einzelanfertigungen. Die Tischlerei setzte aber auch beim Verandenbau künstlerische Akzente, ihre Arbeiten zeichneten sich durch Schwung und Leichtigkeit in der Gestaltung aus.

Sellin a. R.   Wilhelmstrasse, Kaiserliches Postamt.

Durch den zunehmenden Urlauberverkehr erwiesen sich die Räumlichkeiten der Post in der Villa „Vineta" mit der Zeit als zu klein. Im Jahre 1910 wurde daher durch private Investoren das Kaiserliche Postamt erbaut. Später gingen Grundstück und Gebäude in das Eigentum des Deutschen Reiches über.

Das Foto zeigt den Schalterraum der Post in den 1940er Jahren. Plakate warben für die Deutsche Luftpost, das Postsparen und die Postscheckkarte. „Sei still und schweige!", mahnte ein weiteres Plakat – während der Kriegszeit sicherlich eine ernstzunehmende Warnung.

Der Hotelier Carl Richert begann seine Karriere als Sohn eines Häuslers, der, wie andere Dorf-kinder auch, die Gänse hüten mußte. Das „Waldhotel" ließ er im Jahre 1890 errichten. Später entstand direkt an der Hochuferpromenade sein weithin bekanntes „Strandhotel", in dem auch Elisabeth von Arnim auf ihrer Rügenreise als Gast weilte.

Das Ostsee-Insel-Sanatorium des Herrn Dr. Kruschewsky empfing im Jahre 1901 als erster medizinischer Kurbetrieb seine Gäste. Drei Jahre später wurde die Kureinrichtung um die Villa „Wicking-Hall" erweitert. Dr. Kruschewsky machte sich auch als Mitbegründer des allgemein-nützigen Vereins im Ort einen Namen.

42

Die Villa „Hertha" in der Wilhelmstraße ist seit ihrer Entstehung 1907 über viele Jahre als Geschäftshaus genutzt worden. Die Familie Luppa übernahm es in den zwanziger Jahren und eröffnete dort ein gleichnamiges Kaufhaus.

Das Fotohaus Knospe ist besonders durch das Lebenswerk des Strand- und Landschaftsfotografen Hans Knospe bekannt geworden. Über viele Jahrzehnte dokumentierte er in seinen Bildern die Geschichte des Ostseebades Sellin.

Auf dem Waldweg von Sellin durch die Granitz nach Binz, auf den sogenannten Falkenberg, ließ der Fürst zu Putbus eine Halle errichten, die zunächst P. Hüllweck betrieb. Zur Eröffnung der „Waldhalle Falkenberg" erschienen auch der Erbauer und Oberpräsident Graf Behr-Regendank. Die Postkarte zeigt das Etablissement im Jahre 1906 mit dem Inhaber Herrn Nützmann.

In der Granitz liegt zwischen dem Jagdschloß und Sellin der Schwarze See. Um ihn ranken sich einige Sagen, die der Heimatforscher Prof. Alfred Haas aufzeichnete. So soll dort vor langer Zeit ein prächtiges Schloß mitsamt seinen Bewohnern versunken sein.

3

Altensien und Neuensien

Vom Kuhlenkaten in Altensien existiert nur noch dieses Foto. Zur Zeit der Aufnahme um 1930 wies die Hausstelle bereits ein Alter von über 200 Jahren auf.

Die Aufnahme zeigt den Gutsvorsteher Stuth und eine Teilansicht der historischen Hofanlage vor 80 Jahren. Der „Zuckerhut", wie dieser Haustyp wegen seiner Form genannt wird, ist von den jetzigen Besitzern liebevoll restauriert worden.

Im Bild ist das ehemalige Wohn- und Stallgebäude der Familie Kankel zu erkennen. Mensch und Tier unter einem Dach – dies ist in der heutigen Zeit kaum noch nachvollziehbar. Heute befindet sich an dieser Stelle ein modernes Einfamilienhaus.

Um 1910 entstand diese Gruppenaufnahme vor der Altensiener Windmühle. Heute kündet nur noch der Flurname Mühlenberg von den vergangenen Zeiten, als die Bauern ihr Korn noch selbst mahlen ließen.

Die Ernte war schon immer eine Zeit schwerer Arbeit, aber auch der Lohn für die Mühe eines ganzen Jahres. Der Mähbinder und der Dreschkasten, vor 70 Jahren noch modernste Technik beim Einbringen des Getreides, sind heute allenfalls noch in Agrarmuseen zu besichtigen.

Das Altensiener Erntedankfest war für alle Bauern und ihre Familien der festliche Höhepunkt eines Erntejahres. Diese Aufnahme zeigt eine Erntedankfeier auf der Selliner Hammelwiese im Jahre 1936.

Was den Großen recht war, konnte den Kleinen nur billig sein. Anlaß für die Kinderfeste war meist die Zeugnisausgabe und der damit verbundene Beginn der Ferien, die sich aber für viele Kinder auf diesen einen Tag beschränkten.

Über das kleine Dörfchen Neuensien wird wegen seiner bevorzugten Lage am gleichnamigen See in den mittelalterlichen Erbschichtungen von einer beachtlichen Fischerei und Schiffahrt berichtet. Der Bauernhof der Familie Glawe, auf einer Aufnahme aus den 1920er Jahren, ist heute ein beliebter Ferienhof.

Immer wieder kam es, wie bei dieser Neuensiener Scheune, zu verheerenden Bränden. Wegen der Rohrdächer konnte ein kleines Feuer blitzschnell um sich greifen und den ganzen Hof in Schutt und Asche legen.

Im Jahre 1897 bildete sich in Neuensien und Seedorf ein Tonnenbund. Die Tradition des Tonnenschlagens hatten Seefahrer vom Darß mitgebracht, die zu den Gründern des Ortes Seedorf gehörten. Die Fotos zeigen den Aufmarsch des Vereins vor dem Bauernhof Glawe, um 1920.

Die dekorative und gestickte Vereinsfahne des Tonnenbundes überstand die Kriegs- und Nachkriegszeiten unbeschadet und befindet sich heute in Familienbesitz.

4

Seedorf

Gruss aus Seedorf a. Rügen

Seedorf vom Wittenberg aus

„Die Heideberge an der Lanckener Beek werden ausgenommen und bleiben für die Herrschaft zu Anbauten für Schiffer und Fischer bestimmt […]", heißt es in einem Brief der Fürstlichen Kanzlei aus dem Jahre 1809. Ab 1811 entstanden in Seedorf 14 Häuslereien. Anfang der 1860er Jahre begann der aus Sellin stammende Bootsbauer Krüger mit der Errichtung einer Werft, welche die überregionale Bedeutung des Ortes für den hölzerner Frachtschiffbau begründete. Heute wirbt Seedorf neben seiner herrlichen Lage auch mit guter Gastronomie und seinem Naturhafen.

Die Ansichtskarte aus dem Jahre 1903 zeigt neben der Werftanlage auch den Dorfgasthof von Ehlert. Hier trafen sich in den Wintermonaten die einheimischen Schiffseigner und feierten ihre oftmals rauschenden Feste.

Vom Gastwirt Möller hieß es 1888: „[…] betreibt der Möller, Bäcker, Gastwirth und Fuhrmann Möller nun auch nebenher den Fischhandel als Curiosität und bemüht sich anscheinend lebhaft auch noch, die Posthülfsstelle mit 36 M. pro anno zu bekommen.“

Die beiden Fotografien zeigen Stapelläufe auf der Krügerschen Werft. Die Witwe Last schrieb in ihren Lebenserinnerungen über den Stapellauf der „Fürstin Marie zu Putbus", dem zweiten Schiff ihres Vaters Ewald Ehlert: „Die fürstlichen Herrschaften kamen mit einem Dampfer aus Lauterbach. Ich überreichte der Fürstin einen Rosenstrauß. Dann taufte sie das Schiff auf ihren Namen und zerschellte die Champagnerflasche am Bug des Schiffes. Die Regimentskapelle, die eigens aus Stralsund gekommen war, spielte den Choral ‚Nun danket alle Gott.' Es war sehr feierlich, ich werde es nie vergessen."

Der Jachtschoner „Seedorf" war das letzte Segelschiff, das in Seedorf vom Stapel lief. Der Werftbesitzer Moritz Koldewitz erbaute den Segler auf eigene Kosten. Die Fotografie zeigt den Segler, der mit dem üblichen Tannengrün bekränzt war, bereit zum Stapellauf.

Diese Ansichtskarte, um 1910, zeigt die Seedorfer Schiffsflotte kurz vor dem Auslaufen im zeitigen Frühjahr, als die Gewässer wieder eisfrei waren. Gut erkennbar ist auch die Brücke, welche die Lanckener Beek seit 1906 überspann.

5

Moritzdorf

Moritzdorf ist eine relativ junge Dorfgründung und geht auf das Jahr 1841 zurück. Das Memorabilienbuch der Lanckener Kirchgemeinde berichtet, daß „die neuen Häuser in Moritzdorf mehrfach der Spekulation unterliegen und für 300 Thaler erbaut nun für das zwei- bis dreifache des Wertes verkauft" wurden. Heute gefällt das kleine Dorf durch sein gepflegtes Aussehen und seine Ursprünglichkeit.

Die Fotopostkarte aus den 1930er Jahren zeigt den Blick von der Moritzburg auf den Ort und die Baaber Beek. Bei den mit Ziegeln eingedeckten Häusern handelt es sich um jene, die 1886 bei dem großen Brand zu Schaden gekommen sind. Aus gutem Grunde wurde danach auf die ortsübliche Rohrdacheindeckung verzichtet.

In den 1920er und 1930er Jahren wurde das Haus in der Bildmitte als Jugendherberge genutzt, wie auch aus dem Kartentext an die liebe „Mutt" hervorgeht. Schon damals orientierte sich die Jugend nicht in die großen Badeorte, sondern zog ein billiges Quartier auf dem Lande vor.

58

Ende 1889 war die Einrichtung einer Fährstelle zwischen Moritzdorf und Baabe beschlossene Sache, da der beabsichtigte Brückenbau zugunsten des Baaber Bollwerks aufgeben wurde. Als erster Fährmann gilt der Händler M. Looks aus Moritzdorf, der dafür ein Entgelt erhielt.

Dem Büdner Wilhelm Möller I. wurde im Februar 1901 der Baukonsens zur Errichtung eines Aussichtsturmes und einer Restaurationshalle auf dem höchsten Gipfel des Berges zugestanden. Am 7. Juli dieses Jahres erfolgte die Einweihung, festlich umrahmt von einer Bergener Kapelle.

Die Motor-Yacht „Moritzburg" sorgte während der 1930er Jahre in den Sommermonaten für einen regen Ausflugsverkehr zwischen Sellin und Moritzdorf. Sonderfahrten im Bereich der Having und des Rügenschen Boddens standen ebenfalls auf dem Programm.

6

Baabe

Die ersten Siedlungsspuren in der 1252 erstmals erwähnten Baaber Heide führen bis in die Zeit der Jäger und Sammler vor über 6.000 Jahren zurück. 1847 kauften die Baaber Einwohner ihre Wohnstätten, und mehrere Büdner siedelten sich neu an. Über die Aufnahme von Gästen wurde 1889 zum ersten Mal berichtet. Heute wirbt der Ort vor allem mit seiner exponierten Lage und dem gepflegten Miteinander von Altem und Neuem.

Insel Rügen. Ostseebad Baabe. Strand

Dorf Baabe.

Fischerhütte.

Hospitz

Mönchguter.

7128 Kunstanstalt E. Ehmling, Hamburg 20

Der Lichtdruck von 1905 zeigt neben der dörflichen Idylle auch primitive Badeeinrichtungen, das 1904 erbaute „Töchter-Hospiz am Strande" und einen Mönchguter Fischer in einer nachempfundenen Tracht. Besonders interessant ist die Abbildung einer Fischerhütte, die vier verschiedene Fensterformen aufweist.

62

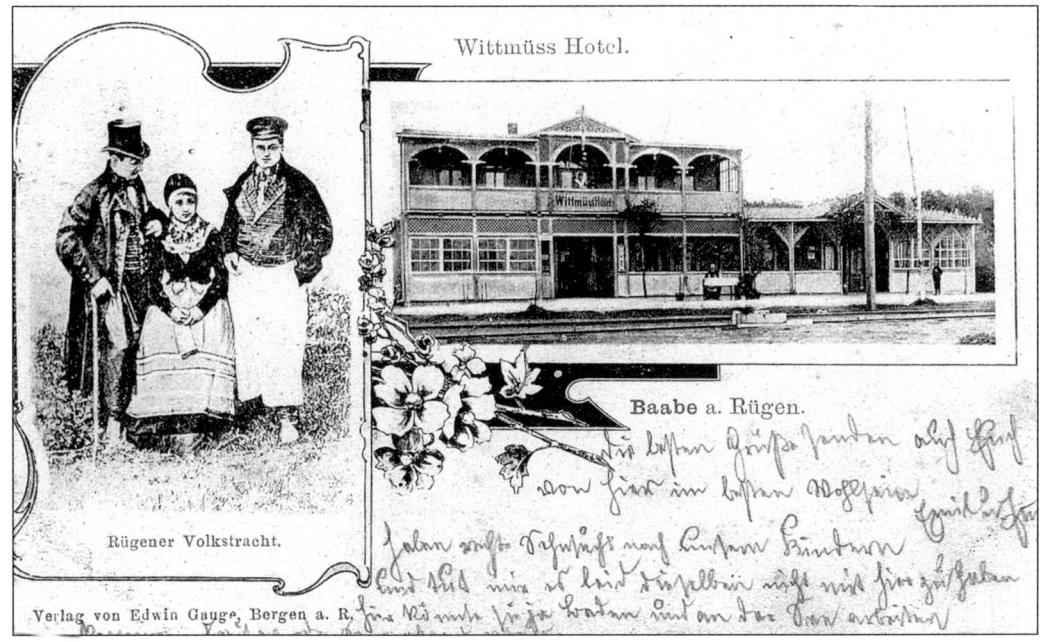

"Zum Grünen Zweig" nannte Moritz Kliesow sein Gasthaus mit Restauration an der neuen Pflasterstraße nach Middelhagen, für das er 1889 die Konzession erhielt. Nach der Erweiterung um einen Speisesaal mit Veranda entstand daraus das „Wittmüss Hotel". Schattenspendende Lauben und gärtnerische Anlagen verschönerten das Umfeld. Auch als Wartehalle für die 1899 vollendete Kleinbahnstrecke Putbus – Göhren wurde das Gebäude lange Zeit genutzt.

Die Genehmigung zum Bau eines Bollwerkes zum Anlegen von Schiffen und für die Ausbagge-
rung einer Dampferfahrrinne von der Having in die Baaber Beek vergab die Gemeinde im Mai
1889 an den Unternehmer Becker aus Stolzenhagen. Am Sonntag, dem 28. Mai 1893, erfolgte
auf dem Bollwerk die Übergabe einer Wartehalle mit Restauration an den Kaufmann Niejahr.
Häufig machten auch Yachten und Kähne mit Baumaterialien zum Entladen fest.

Hotel „Fortuna" — Ostseebad Baabe
(Insel Rügen)

Im November 1895 wurden 180.000 Ziegelsteine per Schiffsfracht für den Bau des ersten Baaber Hotels „Fortuna" angeliefert. Am 27. Juni 1898 konnte es endlich eröffnet werde. Ein Jahr später erwarben die Gebrüder Lorenz aus Stralsund die Liegenschaft und möblierten das Haus völlig neu. Am 9. Juli 1899 fand die Einweihung statt. Es heißt, daß „der Saal und die Veranden mit Girlanden, Laubkronen und frischem Birkengrün auf das Schönste geschmückt" waren.

Ostseebad Baabe a. R.

Die obere Abbildung zeigt die um 1906 erbaute Villa „Elisabeth". Die Gemeinde Baabe begann 1927, anstelle der unwegsamen Strandstraße, gegenüber dieser Villa einen breiten Promenadenweg mit zwei voneinander getrennten Fahrbahnen anzulegen. Längs des Weges wurden Ulmen angepflanzt, und es entstanden Grünanlagen.

Strand

Hospiz

Ostseebad Baabe a. Rügen

Schon 1889 wurden am Strand Badezelte aufgestellt. Im Jahre 1893 bildete sich ein Badekomitee und veranlaßte den Bau einer Badeeinrichtung, die im Wechsel von Damen und Herren genutzt wurde. Zur Saison 1899 wurde erstmals von zwei Badeanstalten, oben, berichtet. 1913 erhielten die Bäder ihr endgültiges Aussehen.

Diese Schnappschüsse zeigen das Badeleben am Baaber Strand um 1930. Das Ostseebad war der erste Ort auf Rügen, der das Baden vom Strandkorb aus erlaubte – bereits im Jahre 1922.

Seit den 1920er Jahren gab es für die Dampfer der Mönchgutlinie am Badestrand eine kleine Behelfsbrücke, die auch die Fischer für Segelbootfahrten nutzten. Nach deren Abriß wurde 1934 durch die Firma Koldewitz eine 200 m lange Anlegebrücke für den küstennahen Bäderverkehr erbaut. Die untere Aufnahme zeigt den Dampfer „Ernst Moritz Arndt" der Wittmiß-Linie.

In dieser abenteuerlichen Montur präsentierte sich der „Seeräuber" Martin Looks in den 1920er Jahren den Gästen am Badestrand. Seine haarsträubenden „wahren" Geschichten fanden bei den Badegästen gläubige Aufnahme.

Diese Bildkarte aus dem Ersten Weltkrieg, an eine Schulfreundin im heimatlichen Baabe geschrieben, zeigt den Krieg als Idylle – ein Jahr später war der Schreiber an der Ostfront gefallen.

„Hast du den Zeppelin auch gesehen?", ist auf dieser Fotokarte vom 27. Juni 1930 zu lesen. Bei dem Luftschiff handelt es sich um LZ 127 „Graf Zeppelin" während einer Ostseefahrt.

Kaffeegarten direkt im Walde

Restauration Tannenheim
Beliebter Ausflugsort von Sellin, Baabe u. Göhren a. Rügen
Station Philippshagen

Seit 1902 existiert die Restauration „Tannenheim" an der Bahnstation Phillipshagen. Die erste Konzession zu deren Betrieb wurde durch den Kreisausschuß an Friedrich Koch aus Baabe vergeben.

7

Göhren

GÖHREN AUF RÜGEN vom Plansberg mit dem Nordpeerd.

1904 Louis Glaser, Leipzig. 8022

Das Ostseebad Göhren liegt am Fuße des Nordperds, das die höchste Erhebung des weit in die See hineinragenden Göhrener Hövts bildet. Die beiden Strände und die schönen Aussichtspunkte in der näheren Umgebung machen den Reiz des Dorfes aus, das sich vom unbedeutenden Bauern- und Fischerdorf zu einem Mekka der Badeurlauber entwickelte.

Während das obere Foto ländliche Abgeschiedenheit vermittelt, zeigt die zur gleichen Zeit entstandene untere Aufnahme, daß sich die Bauern und Fischer bereits auf den Tourismus eingestellt haben. Die Gärtnerei von R. Kagelmacher und die „Groß Räucherei" von Carl Voss warben mit Hinweisschildern und plakativen Malereien um Kundschaft.

In den 1920er Jahren nahmen die Göhrener Fotografen die Fischer bei der Arbeit auf und boten diese Bilder den Gästen zum Kauf an. Der Erinnerungswert einer solchen Aufnahme wurde noch erhöht, indem sich die „Großstädter" selbst mit in Szene setzten. Die Göhrener Fischer der sogenannten Netzeflickerkompagnie waren ebenfalls ein beliebtes Motiv.

Als die Regierung nach 1870 den Bau eines Zufluchthafens am Strand von Göhren plante, protestierten drei mißtrauische Bauern dagegen. Sie fürchteten einen Zustrom von fremden Fischern, die ihnen die Feldfrüchte stehlen könnten. So blieb es bei diesem Nothafen am Süd-strand. Der Zuschlag für den Hafen ging an Saßnitz. Im Wasser sind noch die Steinpackungen der historischen Schwedenbrücke sichtbar.

76

Am Strandweg, wo einst eine schlichte Kate stand, errichteten die Gebrüder Brandenburg 1877 das erste Hotel des Dorfes. Albert Halliger, ein Neffe der Gebrüder, übernahm das Hotel „Brandenburg", vergrößerte und verschönerte es.

Weniger betuchte Urlauber logierten in Pensionen. Eine von ihnen war die Villa „Auguste" des Schneidermeisters W. Millermann. Die zumeist zweistöckigen Gebäude mit den verzierten Veranden und Balkonen prägten ganze Straßenzüge.

Das „Wald-Hotel" entstand im Jahre 1893. Direkt an der Waldpromenade gelegen, hatte es um 1900 vom „1. Mai bis ultimo Oktober" geöffnet. Im Juli und August berechnete der Wirt M.C. Richert besondere Saisonpreise.

Unmittelbar am Strand bot das „Restaurant zum Warmbad" nicht nur „gute Speisen und Getränke zu jeder Tageszeit" an. Es verfügte auch über eigene Lese- und Schreibzimmer. In den Abendstunden waren die Restaurantplätze mit Blick auf die beleuchteten vorbeifahrenden Dampfer sehr begehrt.

Mit „vorzüglich eingerichteter Table de hote ohne Weinzwang; a' la carte zu jeder Tageszeit" und „Touristen-Logis von einer Mark an" warb C.R. Kliesow für sein Hotel „Seeschloß", das 1897 fertiggestellt wurde. Später wurde die Herberge in „Zentralhotel" umbenannt.

Am Strande   Ostseebad Göhren (Insel Rügen)

Mit dem Bau von Landungsbrücken in den Ostseebädern entstanden Speditionen, die nicht nur das Gepäck der Gäste zu den Dampfern beförderten, sondern auch als Vertreter von Reedereien für die Schiffspassage verantwortlich waren. Um 1905 verkaufte die Spedition Halliger die Billets für die Reeder J.F. Bräunlich aus Stettin und August Spruth aus Greifswald aus diesem bescheidenen Bretterschuppen. In den 1920er Jahren markierte der unten abgebildete prunkvolle Verkaufspavillon den Anfang der Schiffsbrücke, deren Betreten gebührenpflichtig war.

Zu Beginn des Ersten Weltkrieges verfügte Göhren über die längste Seebrücke auf Rügen. Da feindliche Landungen nicht ausgeschlossen wurden, wurde die Brücke demontiert und nach dem Krieg nicht wieder aufgebaut. Die Aufnahme zeigt den Dampfer „Hertha" aus Stettin beim Anlegen.

Die kleineren Reedereien, wie die Saßnitzer Dampfschiffgesellschaft und die Reederei Wittmiß, sorgten während der Sommermonate für einen regen Ausflugsverkehr von den Badeorten zu den Sehenswürdigkeiten der Insel.

Ostseebad Göhren - Beim Konzert

Der erste Göhrener Musikpavillon wurde bereits vor 1900 am Nordstrand errichtet. 1925 entstand im Stil der Zeit an der Promenade eine große Konzertanlage, die noch heute das Strandbild prägt. Dem beliebten Kapellmeister Hugo-Eduard Reimann widmete der Fotograf Bitterling die untere Aufnahme.

Foto
Bitterling
905   Hugo-Eduard Riemann der beliebte
Kurkapellmeister von Göhren a/R

Auf Anregung des Hotelbesitzers Wilhelm Brandenburg wurden die Badezellen, die einer privaten Gesellschaft gehörten, vom Südstrand an den Nordstrand verlegt. Dort stieg in den Folgejahren die Anzahl der Badegäste stetig. Das obere Foto zeigt den Nordstrand im Jahre 1911, die untere Aufnahme gelang dem Göhrener Fotografen Rüger während eines Zeppelinüberfluges in den 1930er Jahren.

Wanderfreunde legten bei der Försterei Mönchgut gern eine Rast ein. Die Försterfamilie Schüter schenkte im schön gepflegten Garten Milch, Kaffee, Limonade und Tee aus und servierte Butterbrote, Schinken, Eier und andere Erzeugnisse aus eigener Wirtschaft. Die Konzession dafür galt jeweils vom 1. Mai bis zum 15. Oktober des Jahres und schloß geistige Getränke ausdrücklich aus.

Bevor Göhren im Jahre 1913 eine selbständige Kirchgemeinde wurde, hatten die Gäste die Möglichkeit, am Gottesdienst in der Waldkirche teilzunehmen. Außerdem wurden dafür auch Räumlichkeiten im Hotel „Seestern" und später im „Zentral-Hotel" genutzt. Ein eigenes Gotteshaus besitzt die Gemeinde seit 1930.

„Ich bitte umgehend besseres Wetter zu bestellen – es hat allmählich genug geregnet." Diese humorvollen Zeilen schrieb der bekannte deutsche Jugendstildichter W. Cäsar Fläischlen im September 1899 an seinen Dichterfreund Fritz Worm nach Alt-Reddevitz.

Der Schriftsteller und Dichter Max Dreyer ließ sich im Jahre 1901 das sogenannte Drachenhaus als Sommerdomizil aus amerikanischem Holz errichten. Der Name rührt von den Drachenköpfen an Dachfirst und Treppenpfosten her und zeugt von der damaligen Vorliebe für Motive aus der nordischen Mythologie.

Mönchguter Strand-Theater
in Göhren auf Rügen.

Während der Hauptsaison, vom 1ten Juli bis 31ten August 1898
Sonntags, Dienstags u. Donnerstags Nachmittags, Aufführungen d. Oper

„Die Rose von Thiessow"
Dichtung von Paul Wendt, Musik von Franz Götze,

und zwar unter Mitwirkung *vorzüglicher Opernkräfte*, eines Sänger-
chores von *Mönchgutern* und *Mönchguterinnen* in ihrer *Volkstracht*,
sowie unter der *persönlichen Leitung* des *Komponisten*, des Herrn
Kapellmeisters *Franz Götze* vom Stadttheater in Danzig.

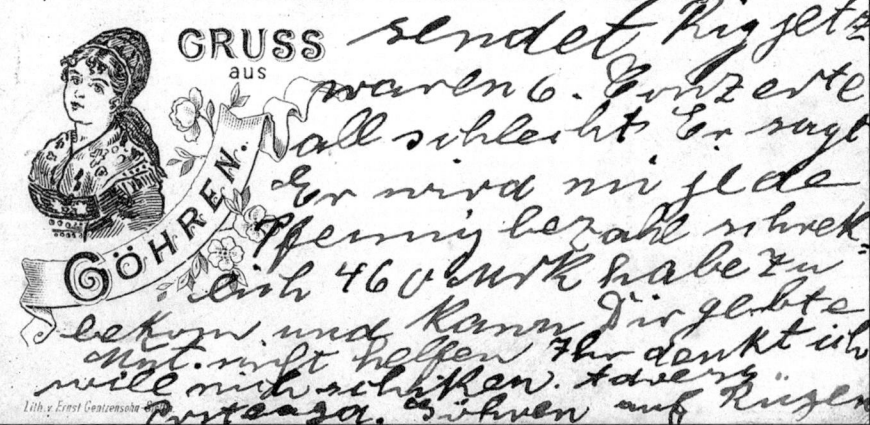

Auf Initiative von Fritz Worm kam 1898 am Strand von Göhren die Oper „Die Rose von Thiessow" zur Aufführung. Den Text schrieb der Dramatiker und Kaufmann Paul Jaromar Wendt aus Stettin, der Dirigent Professor Franz Götze vertonte das Stück. Zimmermeister Burmeister errichtete eigens dafür in den Dünen eine große Halle, die 1901 wieder abgerissen wurde.

In dieser Villa erblickte am 29. Dezember 1909 die spätere Lehrerin und Begründerin des Mönchguter Heimatmuseums, Ruth Bahls, das Licht der Welt. Auf dem Balkon sind ihre Eltern, Kapitän Wilhelm Bahls und Hedwig Bahls, zu sehen. Die ehemalige Villa „Neuhaus" benannte der Kapitän nach seinem zuletzt geführten Schiff um, dem Dampfer „Rheingold".

Eine Mönchguter Bauernhochzeit dauerte mit den Vorbereitungen in der Regel neun Tage. Die Braut trug im Haar einen sehr breiten, hohen Kranz aus Stoffblumen. Vom Kranz hingen rote Atlasbinder, die mit weißen Spitzen eingefaßt waren, herunter. Die Aufnahme mit der festlich geschmückten Gesellschaft entstand um 1900.

Hier posieren Mönchguter in ihrer Volkstracht. Typisch für die Männer waren die weiten, bis zur Wade reichenden Leinenhosen, die gestreiften Westen und die Wolljacke darüber. Auf dem Kopf trugen sie eine blaue Tuchmütze mit Lederschirm.

8

Middelhagen, Kleinhagen und Mariendorf

Das heutige Middelhagen mit dem beiliegenden Dörfchen Kleinhagen ist eine Gründung der Zisterziensermönche des Klosters Eldena, die deutsche Kolonisten auf dem Mönchgut ansiedelten. Nach der Säkularisierung des Klosterbesitzes nach 1535 gehörte es zum herzoglichen Amt Eldena. Ab 1605 entstand das Dominalgut Phillipshagen, dem die Mönchguter Untertanen Abgaben und Dienste leisten mußten. Mariendorf ist nach deren Begründerin Marie von Blessingh benannt worden, die ab 1820 unterhalb des Schafberges Häusler ansiedeln ließ. Vom ehemaligen Gut Phillipshagen sind Teile des ehemaligen barocken Parks mit den Teichen erhalten.

Die Dorfkirche aus dem 15. Jahrhundert ist der Heiligen Katharina und Barbara geweiht worden. Im Innern befindet sich einer der wenigen auf Rügen erhaltenen Altäre, der in den vier Flügeln Reliefschnitzereien aus dem Leben der Heiligen darstellt. Im Schrein selbst stehen die Figuren der Heiligen Katharina, dreier Apostel und eines Bischofs. Die Flügelanordnung birgt noch weitere Schauseiten aus dem Martyrium der Heiligen. Entstanden ist das Werk um 1480.

Das Foto zeigt die direkt an der Mönchguter Landstraße gelegene Paeplowsche Dorfschmiede in Middelhagen, um 1920. Paeplow war vormals Besitzer einer Schmiede in Kleinhagen, die nach dem Verkauf im Jahre 1898 abgerissen worden ist. In den früheren Dorfschmieden wurden nicht nur bäuerliche Gerätschaften repariert und gefertigt, sondern auch in großem Umfang für die Fischerei gearbeitet. Der unten abgebildete Katen gehörte einem Sohn der Schmiede. Trotz ärmlicher Wohnverhältnisse wurde auf ein gepflegtes Äußeres großen Wert gelegt.

Mönchguter beim Schüddelbüxtanz.

Vor der großen Hofscheune zeigten Mönchguter ihre traditionellen Trachtentänze. Der Dorf-
platz um die Kastanie wurde dazu mit Girlanden und Lampions festlich geschmückt. Die Bild-
unterschrift weist auf den Traditionstanz der Mönchguter „Schüddelbüx" hin.

Vor dem Gutshaus Phillipshagen hat sich der Mönchguter Reiterverein zur Gruppenaufnahme
zusammengefunden. Das dieser über hervorragende Reiter verfügte, bekam auch der Putbusser
Fürst und Rittmeister Malte von Veltheim zu spüren, als ihn in den dreißiger Jahren der Redde-
vitzer Bauernsohn Hans Looks während eines Turniers im Stechen beim Sprung über die Mauer
schlug.

Im ehemaligen Küsterhaus wurde seit alters her Schule abgehalten. Die Gruppenaufnahme mit Lehrer Suhr, der ab 1899 die schwierigen Mönchguter Charaktere auf das Leben vorbereitete, datiert um 1905. Wer nun denkt, daß die Benutzung des damals üblichen Rohrstocks die störrischen Geister in ihrem Lerneifer beflügelte, irrt sich gewaltig. Weitaus wirksamer war das Nachsitzen.

Neben dem Dorfkrug „Zur Linde" befindet sich noch heute dieser typische Mönchguter Katen. Er gehörte zum Borgwardtschen Besitz, auf dem auch die Gärtnerei betrieben wurde. Auf der nach Berlin gesandten Ansichtskarte aus dem Kriegsjahr 1916 lautet der schriftliche Zusatz: „Soll ich Gerstengrütze mitbringen?"

Die Initialen C.M. an dem kleinen Säulenportal weisen auf den Besitzer Carl Möller hin, genannt Postmöller, der sich stolz im Sonntagsstaat nebst Gattin vor seiner Villa in Kleinhagen ablichten ließ. Die Familie hatte sich, dem Stil der Zeit entsprechend, gründlich auf die Vermietung an Sommergäste vorbereitet.

Als die Ansichtskarte um 1910 hergestellt wurde, existierte der abgebildete Mönchguter Bauernhof schon über 300 Jahre. Der Besitzer zu jener Zeit, mit Spitznamen „Pödden" Besch, trug bis an sein Lebensende als einer der Letzten die alte Mönchguter Tracht.

Das Foto aus den dreißiger Jahren vom Glamannschen Hof in Kleinhagen zeigt einen sogenannten Göpel (Windmotor) mit dem über ein Gestänge im daneben gelegenen Stallgebäude
ein Schneid- und Mahlwerk zur Herstellung von Viehfutter betrieben wurde. Ein Glamann
gehörte 1901 zu den Gründern eines Gemüse- und Gartenbauvereins und verfügte selbst über
zwei große Gärten.

Schon um 1850 wurde aus Mariendorf berichtet, daß eine ehemalige Büdnerei im größeren Stil
zu einem Gasthof umgebaut worden sei. 40 Jahre später erwarb der Steuermann auf Großer Fahrt,
Wilhelm Nausch, das Anwesen von dem Geld, das er von seinen Salpeterfahrten nach Chile
erspart hatte. Ab 1893 ließ er an der Dampferbrücke in Kleinhagen einen Schuppen errichten
und betrieb von dort einen schwunghaften Kohlehandel in den Badeorten.

1899 nahm Nausch erstmals eine Kinderkolonie des Berliner Vereins für Häusliche Gesundheits-pflege, dessen Schirmherrin die Kaiserin war, in seinem Gasthof auf. Das Foto aus den zwanziger Jahren zeigt eine Schülergruppe aus Hettstädt, die in der Regel ein viertel Jahr bei Nauschens verbrachte, von ihren Lehrern unterrichtet wurde und etwas für die Unterkunft dazuverdiente.

Auch der Mönchguter Schützenverein hatte den Gasthof zu seinem Vereinslokal erwählt. 1904 wurde neben dem obligatorischen Kaisergeburtstag auch das zehnjährige Stiftungsfest gefeiert. Die Ansprache bei diesem denkwürdigen Ereignis hielt der Altermann und Gemeindevorsteher Wangemann aus Middelhagen.

9

Alt-Reddevitz und
Neu-Reddevitz

Das Dorf Alt-Reddevitz, vom Wortstamm her identisch mit dem 1249 erwähnten Land Redde-
vitz, wird allgemein als die älteste dortige Ansiedlung bezeichnet. Aus dem Jahre 1695 sind
16 Bauernhöfe und zwei Katen für „untaugliches Volk" vermerkt. Ab 1847 gelangten die bäuer-
lichen Anwesen durch Regulierung des Preußischen Staates in Privateigentum. Der abgebildete
Bauernhof der Familie Egon Looks ist ein Beispiel dafür, wie sich durch neue Wirtschaftsformen
auch der Baustil, die Gebäudeaufteilung und deren Zuordnung verändert haben.

Am Beispiel des Hofes der Familie Pisch wird deutlich, wie althergebrachte, traditionelle Bauweisen bis in das 20. Jahrhundert das Dorfbild entscheidend geprägt haben. Auffällig sind die scheinbar überproportionierten, tief herabgezogenen Dächer in der Tradition der niedersächsischen Hallenhäuser.

An diesem, heute nicht mehr vorhandenem Bauernhaus ist die ursprüngliche Längsdielenform noch nachvollziehbar. Der starke Efeubewuchs an der Wetterseite ist als Schutz, aber auch als Zierde zu verstehen. Den hinteren Dachabschluß bilden zwei gekreuzte Giebelbretter mit nach außen zeigenden Pferdeköpfen, wie sie als Schmuck oder Symbol bei den Besitzern beliebt waren.

Alt-Reddevitz a. Rügen.

Dichterheim.

Die Alt-Reddevitzer Schule entstand im Jahre 1848 mit Unterrichtsraum und Lehrerwohnung unter einem Dach. Als Fritz Worm 1892 hierher seine Berufung zum Lehramt bekam, konnte niemand ahnen, daß er wie kein anderer durch sein Wirken als Heimatforscher, Schriftsteller und Frühgeschichtler das Mönchguter Brauchtum, die Eigentümlichkeit seiner Menschen und die landschaftlichen Schönheiten der Halbinsel in ganz Deutschland bekannt machte. Erst nach seiner Pensionierung bezog er für die wenigen ihm noch verbleibenden Jahre seinen Alterswohnsitz, sein „Daheim", dessen Wahlspruch noch heute über dem Hauseingang auf der Veranda von seiner starken christlichen Gesinnung zeugt.

Daheim.

(„Un teihn de Bülgen uck wild tau Strand min Hüs'sing steiht in Gottes Hand")

1904 erbaute der Kapitän Karl Kliesow auf einer Anhöhe hinter dem Dorfe die Pension „Strandburg", die nicht nur Unterkunft für Sommergäste war, sondern sich durch verwandt-schaftliche Beziehungen zu Lehrer Worm über viele Jahre zum kulturellen Mittelpunkt auf Mönchgut entwickelte. Hier fanden die berühmten Trachtenfeste statt, zeigte der Turn- und der Reiterverein sein Können, und es wurde zu den traditionellen Mönchguter Tänzen aufge-spielt. Im Turm des Gebäudes war die einzigartige Wormsche Sammlung frühgeschichtlicher Altertümer zu besichtigen. Vor allem sind es aber die zahlreichen, aus der Feder von Worm stammenden Volksstücke, die ein zahlreiches Publikum begeisterten.

Tradition und Moderne versuchte der Fotograf in diesem Bild zu vereinen, als er in den dreißiger Jahren den wohl meistfotografierten Mönchguter, Ewald Schmidt, in einem Segelgleiter auf dem Fliegerberg posieren ließ. Dieser ließ sich nur zu gerne bitten – „die Aufnahme eine Mark, der Herr" – das Wort „Rabatt" kannte er nicht.

Die Wiederentdeckung des sogenannten Herzogsgrabes in der Mönchguter Forst am Anfang der zwanziger Jahre war für Fritz Worm der Höhepunkt in seinen Forschungen zur regionalen Ur- und Frühgeschichte. Bei den anschließenden Grabungen bestätigten sich viele seiner Vermutungen, die er bei seiner jahrzehntelangen Sammeltätigkeit und aus der Sichtung des umfangreichen Fundmaterials gewonnen hatte. 1928 faßte er die Ergebnisse seines Sammlerlebens in einer kleinen Broschüre mit dem Titel „Aus der Urzeit der Halbinsel Mönchgut" zusammen. Gabriela Risch würdigte mit der im Jahre 2000 erschienenen Biographie das Leben und das Werk dieser bedeutenden Rügener Persönlichkeit und machte beides für die Nachwelt erlebbar.

Von diesem Fischerdorf heißt es in den Akten, daß es von Mönchguter Kolonisten im Jahre 1814 erbaut wurde und in Anlehnung an ihre Herkunft und die alte Heimat den Namen Neu-Reddevitz bekam. Die untere Ansicht der Gastwirtschaft von Otto Kliesow beweist, daß das Dorf wegen seiner idyllischen Lage und den alten Fischerhäusern schon früher gut besucht war.

Den Gaffelschoner „Argus" ließ der in Neu-Reddevitz geborene Schiffer Wilhelm Ehlert im Jahre 1904 in Seedorf bauen. Seinerzeit galt das Schiff als einer der schnellsten Segler der Ostsee.

Kapitän Ehlert genoß im Leben wie im Tode hohes Ansehen. Anläßlich seiner Beerdigung im Mai 1929 schrieb die „Rügensche Zeitung": „Aufrecht und gerade die Gestalt. Aufrecht und gerade der Charakter. Bescheidene, schlichte Lebensweise – das war Käppen Ehlert."

10

Lobbe, Gager und Groß-Zicker

Alle drei Dörfer sind ihrem Namen nach slawischer Herkunft und werden für Groß-Zicker als „Meisenort", für Gager als „Ahorn" und für Lobbe als „Stirn" gedeutet. Die älteste Erwähnung bezieht sich auf Zicker und zwar als „Tikarey" in der Knytlingasaga, nach der König Knut von Dänemark 1184 auf der Halbinsel landete. Neben der Fischerei bildete in diesen Dörfern die Landwirtschaft eine wichtige Erwerbsquelle. Die Zeit der Ernte ist wohl zu allen Zeiten von froher Erwartung und neuer Hoffnung begleitet gewesen. Früher wurde der größte Teil des Erntegutes, hier das Einbringen der Roggenernte in Groß-Zicker, in den großen Scheunen gelagert und in den Wintermonaten gedroschen.

Gross-Zicker Mönchgut a. Rügen.

Das Dorf Groß-Zicker hat auch heute nicht viel von seinem ursprünglichen Reiz verloren. Vielleicht liegt es daran, daß es ein wenig hinter den Bergen vor den großen Tourismusströmen versteckt blieb. Die abgebildete Ansichtskarte ist um 1900 im Verlag von M. Pantell entstanden. Pantell erwarb im Jahre 1898 die in der Mitte des Dorfes gelegene Gastwirtschaft mit Posthilfsstelle und Telefon. Das untere Foto zeigt die Wirtschaft der Familie Bunzel, die darin auch ein kleines Ladengeschäft betrieb.

Die äußerlich unscheinbar wirkende kleine Dorfkirche, deren Entstehung in das 14. Jahrhundert zurückgeht, birgt in ihrem Inneren einen wahren Schatz in Form von Buntglasscheiben in den Chorfenstern. Diese Votivgaben von Gemeindemitgliedern aus dem 16. bis zum 18. Jahrhundert könnten holländischen Ursprungs sein.

Das Pfarrwitwenhaus, nach 1720 entstanden, heute als museale Einrichtung genutzt, diente der Unterbringung von Frau und Kindern verstorbener Pfarrer. Ab 1810 war es 20 Jahre das Schul- und Wohnhaus des Dorflehrers.

Zicker See

Zur Zeit der Segelschiffahrt bot der Zicker See vorbeifahrenden Schiffen bei widrigen Winden einen willkommenen Nothafen. Von den umliegenden Dörfern wurde er auch als Winterlage für die heimischen Schuten und Jachten genutzt. Im Jahre 1900 bestand in den Sommermonaten zwischen Thiessow und dem Ausflugsort Groß-Zicker eine ständige Fährverbindung. Ab 1885 bootete der zwischen Lauterbach und Mönchgut verkehrende Dampfer „Hebe" hier seine Passagiere aus. Die untere Ansicht des Dorfes aus den dreißiger Jahren verdeutlicht, daß man aufgrund der Siedlungsgegebenheiten die „Kirche nicht im Dorf gelassen hatte".

Fischerdorf Gager auf Rügen

Die Ansicht des Dorfes Gager war über viele Jahre von seinen Windmühlen geprägt. Schon 1879 wurde ein Müller Lomberg als Besitzer der Büdnerei Nummer 30, bestehend aus Wohnhaus, zwei Stallgebäuden, Scheune, Ländereien mit Wasserstück und einer Bockwindmühle, erwähnt. 1898 machte der Steinsetzer Puppe von sich reden, als er in seinem Garten an der Stelle, wo das Haus des Lotsen Damp gestanden hatte, einen bedeutenden Münzfund machte. Zu Beginn der zwanziger Jahre gründeten die Brüder Wittmiß in Gager eine kleine Fahrgastreederei mit Heimathafen Sellin, die in den folgenden Jahren einige Bedeutung erlangte.

„Hotel am Meer" — Lobbe b. Göhren a. Rügen

Ausblick vom Hotel

Schon 1889 wurde von Lobbe gemeldet, daß zur Saison Wohnungen vermietet worden sind. Ansonsten diente der Ort auch als Ausflugsziel für Besucher des nahen Ostseebades Göhren. Seiner besonderen Lage verdankt das Dorf eine ergiebige Fischerei am nahegelegenen Außenstrand. In der Zeit seiner Zugehörigkeit zur Pfandherrschaft in Phillipshagen wurde besonders die Schafzucht betrieben.

C. Kliesow Lobbe a. Rügen

Gasthof zum Wallfisch

1891/92 erbaute Carl Kliesow ein Logierhaus mit Gastwirtschaft. Mit einer Anzeige warb er in der „Rügenschen Bäderzeitung" von 1893 und den folgenden Jahren mit einem reichhaltigen Angebot um die „geehrten Herrschaften". Noch heute, nach über 100 Jahren, befindet sich das Gasthaus in Familienbesitz.

11

Thiessow und
Klein-Zicker

Ostseebad Thiessow a. Rügen — Lotsenstation

Die beiden Dörfer Thiessow und Klein-Zicker lehnen sich an zwei eiszeitliche Inselkerne, deren Kliffkanten noch heute ständiger Veränderung und Abtragung unterliegen. Wie stark die Naturgewalten der Halbinsel Mönchgut zugesetzt haben, beweisen zeitgenössische Berichte von verheerenden Sturmfluten. Deren gewaltigste führte im Jahre 1304 zur Bildung des Neuen Tiefs und unterbrach die Landverbindung zum Ruden und dem Großen Stubber. Die extremen Strömungen und ständig wechselnden Winde bis Orkanstärke erforderten schon im Mittelalter erfahrene Piloten, um den Schiffen zwischen den zahlreichen Untiefen ein sicheres Geleit zu geben. 1859 wurde Thiessow zur Mönchguter Hauptstation des Lotsenwesens. Im Bild der Lotsenturm, der Signalmast und die Lotsenglocke in Thiessow.

1874 errichtete der Postagent Karl Koos, der einige Jahre auch die Schulstelle verwaltete, mit dem Hotel „Mönchgut", oben, das erste Gasthaus in Thiessow. Schon drei Jahre später folgte mit „Westphal's Hotel" ein weiterer Neubau. Ab 1886 wurden die ersten Badeanstalten eingerichtet. Die Anfänge des Badewesens liegen jedoch schon in den fünfziger Jahren des 19. Jahrhunderts, als Beamte der Wasserbauinspektion in Stralsund den Ort für ihre Familien als Sommerfrische entdeckten.

Hubert Klüs errichtete die Pension und Bäckerei „Erika" im Jahre 1890. Carl Gottschalk aus Barth ersteigerte 1897 den Besitz und erweiterte das Geschäft bedeutend. Er versorgte nicht nur die Hotels am Ort mit frischen Backwaren, sondern lieferte auch in die umliegenden Ortschaften.

Im Jahre 1850 baute der Seelotse Michael Heidemann sein Haus und richtete es wohl schon zur Unterbringung von Gästen ein, denn nach Aussage der Thiessower Ortschronik empfing auch er bald darauf schon „Regierungsgäste", sprich Stralsunder Beamte.

113

Segelpartien zu den nahegelegenen Inseln Greifswalder Oie und Ruden und, – wenn es sein mußte bis zur Insel Vilm – , boten den Fischern in den Sommermonaten einen beachtlichen Nebenerwerb und den Badegästen eine willkommene Abwechslung während des Urlaubs.

Alljährlich wiederholte sich auf dem Reusenplatz das gleiche Treiben: Entweder wurden neue Reusen angefertigt oder alte instandgesetzt. Damit alles in den richtigen Maßen und am richtigen Platz war, wurden die Reusen zur Probe aufgerichtet und zusammengefügt. Noch heute gilt das alte Fischerwort: „Nicht jede Reuse fischt gleich."

Am 30. Juli 1909 erging der Beschluß zum Bau einer Landungsbrücke am Oststrand mit einer Länge von 285 m und einer Kopfsicherung von 26,50 m. An der Brücke hatte der Spediteur Karken eine Halle zur Aufnahme von Gepäck. Doch schon 1912 wurde diese Brücke bei starkem Nordoststurm und Eisschub so zerstört, daß nichts von ihr übrig blieb.

Erst ab den zwanziger Jahren legte man bei Klein-Zicker wieder über eine Brücke an, doch diesmal am geschützten Binnengewässer. Der weite Weg in den Ort veranlaßte die Gemeinde dann in Gemeinschaft mit der Saßnitzer Dampfschiffgesellschaft (SDG), 1929 diese Landungsbrücke auf Thiessower Gebiet zu errichten.

Auch die Wittmiß-Linie verfügte für ihre Motorboote über einen eigenen Anleger am Oststrand. Die Gemeinde kaufte diesen 1934 und überließ ihn später der SDG, welche die Brücke verlängerte und verstärkte.

Das Leben in Klein-Zicker war schon immer von der engen Nachbarschaft zum Ostseebad Thiessow geprägt. In der Hauptsache setzte sich die Dorfschaft aus Lotsen und Fischerbauern zusammen. Interessant ist aber, daß der dortige Bauernhof nach den geleisteten Abgaben im Mittelalter einer der größten auf Mönchgut gewesen sein muß.

12

Greifswalder Oie, Ruden und Vilm

Insel Oie. Inselhof mit Hafen

Die Oie gehörte ursprünglich zum Besitztum slawischer Herzöge. Sie wurde im Jahre 1282 von Bogislaw IV. der Stadt Wolgast und durch den gleichen Herzog schon 1291 der Hansestadt Greifswald geschenkt.

Eine im Jahre 1832 im Nordwesten der Insel in Betrieb genommene Leuchtbake erleichterte der Seeschiffahrt die Orientierung in der Pommerschen Bucht. Sie wurde 1855 durch den hier abgebildeten Leuchtturm abgelöst.

An der Südwestspitze wurde von 1873 bis 1877 ein Fischernothafen erbaut, den die Seeleute bei schlechten Witterungsbedingungen anliefen. Seine geringe Tiefe von etwa 3 m und die bescheidenen Ausmaße verhinderten die Entstehung einer Fischereisiedlung.

Das Hotel „Inselhof" mit seinen 25 Betten empfahl „Griebens Reiseführer" Leuten, die „völlig allein und zurückgezogen leben" wollten. Bei der unten abgebildeten Ansichtskarte handelt es sich um eine Lithographie, die Reisende um 1900 im „Seemannsheim" erwerben konnten.

Blick nach Süd-West — Dorfansicht

Blick nach Nord-Ost — Wald- und Turmansicht

Gruß von der Insel Greifswalder Oie

Mitte des 19. Jahrhunderts bauten die drei Pächter Potenberg, Vahl und Lüder vor allem verschiedene Getreidesorten und Kartoffeln an. Bis 1879 bestand für die Bauern die vertraglich mit der Stadt festgelegte solidarische Haftung.

Insel Oie   Mühle u. Panorama

Nach dem Verkauf der Greifswalder Oie an den Preußischen Staat im Jahre 1883 nahm der Fremdenverkehr zur Insel allmählich zu. Seit der Jahrhundertwende fuhren Touristendampfer zweimal wöchentlich zur Reede. Die untere Aufnahme zeigt am rechten Bildrand den Dampfer „Feuerloh". Er gehörte der gleichnamigen Reederei in Stettin.

Oie - An der Dampferanlegestelle

Insel Oie – Seemannsheim

Im ehemaligen Vahlschen Gutshaus, das ab 1894 der Berliner Verein „Seemannsheim" führte, fanden die den Nothafen nutzenden Fischer eine vorübergehende Herberge. Damit hatten auch die ständigen Konflikte zwischen den seßhaften Bauern und den Fischern ein Ende.

Gruß von der Insel Greifswalder Oie

Nordstrand

Die wirtschaftliche und militärische Bedeutung der Insel Ruden, 1254 erstmals urkundlich genannt, bestand auf Grund ihrer Lage auf dem Zufahrtsweg nach Stralsund und Greifswald. So ließen die Schweden hier schon 1620 ein Zollhaus errichten, um im Auftrage Gustav Adolfs eine Schiffahrtssteuer zu erheben.

Seit Mitte des 17. Jahrhunderts unterhielten die Herren von Spieker auf dem Ruden eine Lotsenstation. Die vier Lotsen bestritten ihren Lebensunterhalt neben der Fischerei und Landwirtschaft vor allem vom Lotsengeld, das sie für das Geleit der Schiffe nach Stralsund, Greifswald und Peenemünde erhielten.

123

Die Insel Vilm, die aus dem Großen und dem Kleinen Vilm besteht, ist nur 2,6 km vom Lauter-
bacher Hafen entfernt. Der Uferbereich, an dem sich die Landungsbrücke befindet, wird als
Karkenufer bezeichnet. Als dort die Sturmflut vom 12. und 13. November 1872 große Teile der
Küste freispülte, entdeckte man dort ein Urnenlager aus prähistorischer Zeit.

Eine Urkunde aus dem Jahre 1358 belegt, daß bereits seit alters her auf dem Vilm Ackerbau
und Viehwirtschaft betrieben wurden. Gegen Ende des 18. Jahrhunderts wurde das Ackerwerk
in eine Holländerei verwandelt, und im zweiten Viertel des 19. Jahrhunderts bestand hier für
kurze Zeit eine Fasanerie.

Gruss von der Insel Vilm, Blick auf Lauterbach

Die Herren von Putbus waren seit dem 14. Jahrhundert im Besitz des Eilandes. Fritz Witte übernahm nach dem Tode seines Vaters im Jahre 1873 die Insel zur Pacht. Gern ließ sich der bärtige Förster, wie bei dieser Aufnahme auf der Landungsbrücke, auf Postkarten darstellen.

Ab 1893 setzte Fritz Witte ein Motorboot zur Beförderung seiner Gäste ein. Die abgebildete Barkasse namens „Fortuna" wurde mit einem Petroleummotor angetrieben.

Neben dem Ochsengraben und dem Ententeich befand sich dieser alte Ziehbrunnen, der die Bewohner mit Trinkwasser versorgte. Das mechanische Schöpfwerk wurde 1915 bei einem Sturm zerstört. Aufgrund von Überschwemmungen war das Wasser oft ungenießbar, so daß später ein neuer Brunnen neben dem Gehöft anlegte wurde.

Der Anstieg des Reiseverkehrs zur Insel Vilm veranlaßte den Pächter Witte dazu, für die Sommermonate eine Erlaubnis zur Verabreichung von Speisen und Getränken zu beantragen. Der Fürst von Putbus erteilte 1858 die begehrte Konzession. 1886 wurde das abgebildete Logierhaus erbaut.

126

Maler aus ganz Deutschland fühlten sich von der Ursprünglichkeit der Insel magisch angezogen. Die Aufnahmen gewähren einen Blick in den Speisesaal, in dem Fritz Witte seine hochgeschätzten Gäste bewirtete. Das untere Wandbild stellt eine Künstlergruppe dar, die sich beim Gastgeberehepaar über das eintönige Essen beschwert.

Quellenverzeichnis

Adler, Fritz: Mönchgut, Universitätsverlag Ratsbuchhandlung L. Bamberg, Greifswald 1936.

Autorenkollektiv: Mönchgut, Ostsee-Druck, Rostock 1990.

Goldschmidt, Albert: Griebens Reiseführer. Die Insel Rügen. Verlag Albert Goldschmidt, Berlin, Jahrgänge 1896–1935.

Haas, Alfred: Rügensche Sagen. Verlag Walter Krohss, Bergen 1935.

Haas, Alfred und Worm, Fritz: Die Halbinsel Mönchgut und ihre Bewohner. Burmeister Verlag, Settin 1929.

Paries, Georg: Rügensches Heimatbuch. Buchdruckerei Hermann Bode, Berlin o.J.

Raetz, Albert: Die Insel Rügen, Verlag Walter Krohss, Bergen 1936.

Risch, Gabriela: Rügener Persönlichkeiten. Ruth Bahls. Druckhof Gampe, Bergen 1998.

Dies.: Rügener Persönlichkeiten. Fritz Worm. Reprint-Verlag, Bergen 2000.

Rudolph, Wolfgang: Die Insel der Schiffer, VEB Hinstorff Verlag, Rostock 1962.

Ders.: Die Insel Rügen, Carl Hinstorff Verlag, Rostock 1954.

Worm, Fritz: Göhren, Rügensche Zeitungs- und Druckerei GmbH, Putbus 1930.

Tages- und Wochenzeitungen: Rügensches Kreis- und Anzeigenblatt, Rügensche Zeitung, Rügensche Post, Ostsee-Zeitung, Rügener Seekiste.

Die Gruppenaufnahme fertigte der Fotograf Haase in den zwanziger Jahren auf der Göhrener Seebrücke an. Sie bringt das Lebensgefühl und den Modestil der „goldenen zwanziger Jahre" zum Ausdruck.

Die Heimat entdecken!

Von Kiel bis Wien,
von Aachen bis Görlitz:
Entdecken Sie Alltagsgeschichten
aus Ihrer Heimatstadt!

Leben in der Großstadt ...

Tauchen Sie ein in das quirlige Großstadtleben vergangener Tage. Spazieren Sie über breite Boulevards und stürzen Sie sich ins Nachtleben. Erkunden Sie ihre Stadt durch die Fensterscheiben einer Straßenbahn oder des ersten Käfers und bewundern Sie prächtig geschmückte Schaufenster.

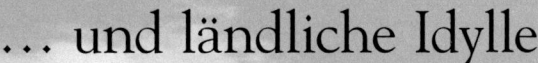

… und ländliche Idylle

Wie sah das Leben in Ihrer Heimat aus, als die Bauern noch mit Pferden pflügten und jedes Dorf seinen eigenen Schmied hatte, jeder noch jeden kannte und das Leben sich zwischen Kirche, Wirtshaus und Wohnküche abspielte?

www.suttonverlag.de

Erinnerungen an die Schulzeit ...

Erinnern Sie sich noch an die Zeiten von Abakus und Schiefertafel, an Klassenausflüge oder den ersten Taschenrechner? Blicken Sie zurück auf große Klassen und gestrenge Schulmeister, entdecken Sie auf Klassenfotos Freunde und Bekannte von früher!

... und das Arbeitsleben

Entdecken Sie, wie sich das Arbeitsleben in den letzten hundert Jahren verändert hat. Werfen Sie einen Blick in Fabrikhallen, blicken Sie Handwerksmeistern bei ihrer Arbeit über die Schulter und erinnern Sie sich an den Einkauf im Tante-Emma-Laden.

Gesellige Stunden im Verein …

Fußballclub und Schützenverein, Musikkapelle und Gesellenverein: Schauen Sie zurück auf Volksfeste und Turniere, Chorproben oder Prunksitzungen. Erinnern Sie sich an schöne Stunden und das gesellschaftliche Leben in Ihrer Heimat.

... und im Familienkreis

Werfen Sie einen Blick in die Wohnzimmer vergangener Tage und entdecken Sie, wie sich zwischen schweren Eichenmöbeln, Nierentischen und Ikea-Regalen der Alltag verändert hat. Erleben Sie Familienfeiern und Weihnachtsfeste im Wandel der Jahrzehnte mit.

www.suttonverlag.de

Alltagsgeschichte in historischen Fotos zu über 1000 Regionen, Städten und Gemeinden

Bestellen Sie jetzt
Ihr persönliches Exemplar auf

www.suttonverlag.de